Parent's Introduction

Whether your child is a beginning, reluctant, or eager reader, this book offers a fun and easy way to support your child in reading.

Developed with reading education specialists, We Both Read books invite you and your child to take turns reading aloud. You read the left-hand pages of the book, and your child reads the right-hand pages—which have been written at one of six early reading levels. The result is a wonderful new reading experience and faster reading development!

This is a special bilingual edition of a We Both Read book. On each page the text is in two languages. This offers the opportunity for you and your child to read in either language. It also offers the opportunity to learn new words in another language.

In some books, a few challenging words are introduced in the parent's text with **bold** lettering. Pointing out and discussing these words can help to build your child's reading vocabulary. If your child is a beginning reader, it may be helpful to run a finger under the text as each of you reads. To help show whose turn it is, a blue dot ● comes before text for you to read, and a red star ★ comes before text for your child to read.

If your child struggles with a word, you can encourage "sounding it out," but not all words can be sounded out. Your child might pick up clues about a difficult word from other words in the sentence or a picture on the page. If your child struggles with a word for more than five seconds, it is usually best to simply say the word.

As you read together, praise your child's efforts and keep the reading fun. Simply sharing the enjoyment of reading together will increase your child's skills and help to start your child on a lifetime of reading enjoyment!

Introducción a los padres

Ya sea que su hijo sea un lector principiante, reacio o ansioso, este libro ofrece una manera fácil y divertida de ayudarlo en la lectura.

Desarrollados con especialistas en educación de lectura, los libros We Both Read invitan a usted y a su hijo a turnarse para leer en voz alta. Usted lee las páginas de la izquierda del libro y su hijo lee las páginas de la derecha, que se han escrito en uno de seis primeros niveles de lectura. ¡El resultado es una nueva y maravillosa experiencia de lectura y un desarrollo más rápido de la misma!

¡Me gusta que nos turnemos!

¡A mí también!

Esta es una edición especial bilingüe de un libro de We Both Read. En cada página el texto aparece en dos idiomas. Esto le ofrece la oportunidad de que usted y su hijo lean en cualquiera de los dos idiomas. También le ofrece la oportunidad de aprender nuevas palabras en otro idioma.

En algunos libros, se presentan en el texto de los padres algunas palabras difíciles con letras **en negrita.** Señalar y discutir estas palabras puede ayudar a desarrollar el vocabulario de lectura de su hijo. Si su hijo es un lector principiante, puede ser útil deslizar un dedo debajo del texto a medida que cada uno de ustedes lea. Para mostrar de quién es el turno para leer, encontrará un punto azul ● antes del texto para usted, y una estrella roja ★ antes del texto para el niño.

Si su hijo tiene dificultad con una palabra, puede animarlo a "pronunciarla", pero no todas las palabras se pueden pronunciar fácilmente. Su hijo puede obtener pistas sobre una palabra difícil a partir de otras palabras en la oración o de una imagen en la página. Si su hijo tiene dificultades con una palabra durante más de cinco segundos, por lo general es mejor decir simplemente la palabra.

Mientras leen juntos, elogie los esfuerzos de su hijo y mantenga la diversión de la lectura. ¡El simple hecho de compartir el placer de leer juntos aumentará las destrezas de su hijo y lo ayudará a que disfrute de la lectura para toda la vida!

Cute Animals • *Lindos animales*

A Bilingual We Both Read® Book in English and Spanish
Level PK–K
Guided Reading: Level A

Published by
Treasure Bay, Inc.
PO Box 519
Roseville, CA 95661 USA

Printed in China

Library of Congress Catalog Card Number: 2023910167

ISBN: 978-1-60115-059-2

Visit us online at WeBothRead.com

PR-10-24-4.5

Cute Animals
Lindos animales

By Sindy McKay

There are so many cute animals in the world! Some are wild animals. Some are . . .

———————◆———————

¡Hay muchos lindos animales en el mundo! Algunos son animales silvestres. Algunos son . . .

★ . . . pets.

———◆———

. . . *mascotas.*

● There are different kinds of pets. Some people have pet hamsters. Some people have pet . . .

————————◆————————

Hay diferentes tipos de mascotas. Algunas personas tienen un hámster. Otras tienen un . . .

4

★ . . . fish.

. . . *pez.*

Baby animals are especially cute. A baby lamb will grow up to be a . . . . . .

———————◆———————

Los animales son especialmente lindos cuando son bebés. Cuando el corderito crezca, será una . . .

★ . . . sheep.

. . . *oveja.*

Look at this cute baby hedgehog.
A baby dog is called a . . .

◆

Mira este lindo erizo bebé.
Al perro bebé se le llama . . .

... puppy!

... ¡cachorro!

● This young goat has a friend.
A baby goat is called a . . .

———————◆———————

Esta cría de cabra tiene un amigo.
A la cabra bebé se le llama . . .

★ . . . kid!

. . . ¡cabrito!

11

● This baby pig is called a piglet.
A baby cat is called a . . .

———————◆———————

Al cerdo bebé se le llama cerdito.
Al gato bebé se le llama . . .

★ . . . kitten.

. . . *gatito.*

- Tigers are big cats. A big mama tiger takes good care of her little baby . . .

———————◆———————

Los tigres son gatos grandes. La mamá tigresa cuida muy bien a sus bebés . . .

★ . . . tigers.

◆

. . . *tigres.*

● Ducks live where there is lots of water. Penguins live where there is lots of . . .

———————◆———————

Los patos viven donde hay mucha agua. Los pingüinos viven donde hay mucha . . .

★ . . . snow.

. . . *nieve.*

● Stingrays live in the ocean. They seem to smile as they swim. Dolphins also seem to . . .

———————◆———————

Las rayas viven en el mar. Parecen sonreír cuando nadan. Los delfines también parecen . . .

★   . . . smile.

. . . *sonreír.*

● Most birds live in trees. Baby birds hatch from . . .

———————◆———————

La mayoría de los pájaros viven en los árboles. Los pájaros bebés salen de los. . .

★ . . . eggs.

. . . *huevos.*

Koalas live in eucalyptus trees. After lunch, they like to take a . . .

———◆———

Los koalas viven en árboles de eucalipto. Después de almorzar, les gusta tomar una . . .

★ . . . nap.

. . . *siesta.*

● Chipmunks enjoy their food. Sometimes they fill their cheeks with . . .

———————◆———————

Las ardillas rayadas disfrutan su comida. A veces llenan sus cachetes de . . .

★ . . . nuts.

— ◆ —

. . . *nueces.*

● Horses like to eat carrots. Do you know another animal that likes carrots?

───────◆───────

Al caballo le gusta comer zanahorias. ¿Conoces algún otro animal al que le gusten las zanahorias?

★ A rabbit!

♦

¡El conejo!

● Some cute animals are big. Some cute animals are . . .

———————◆———————

Algunos animales son lindos y grandes. Otros animales son lindos y . . .

★ . . . small.

———◆———

. . . *pequeños.*

● This baby deer has spots. This baby zebra has . . .

———————◆———————

Este ciervo bebé tiene manchas. Esta cebra bebé tiene . . .

★ . . . stripes.

. . . *rayas.*

● Some bear cubs are brown. Some bear cubs are . . .

———————◆———————

Algunos cachorros de oso son color café. Otros cachorros de oso son . . .

★ . . . white.

───◆───

. . . *blancos.*

● This chimpanzee has eyes that are brown. Some cats have eyes that are . . .

───────────◆───────────

Este chimpancé tiene ojos castaños. Algunos gatos tienen ojos . . .

34

★ . . . blue.

. . . *azules.*

● This owl has big eyes. A Fennec fox has big . . .

———————◆———————

Este búho tiene los ojos grandes. Un zorro fénec tiene grandes las . . .

★ . . . ears.

. . . orejas.

● A baby giraffe has a neck that is long. This baby monkey has a neck that is . . .

———————————◆———————————

La jirafa bebé tiene el cuello largo. Este mono bebé tiene el cuello . . .

★ . . . short.

━━━━━━ ◆ ━━━━━━

. . . *corto.*

● This baby alpaca looks like it is very curious. So does this cute baby . . .

———————◆———————

Esta alpaca bebé parece ser muy curiosa. También lo es este lindo bebé de . . .

★ . . . cow.

. . . *vaca.*

41

● Which animal do you think is the cutest?
Maybe you think they are all . . .

———————◆———————

¿Cuál crees que es el animal más lindo?
Tal vez pienses que todos son . . .

★ . . . cute.

———◆———

. . . *lindos.*

If you liked **Cute Animals**, here are some other
We Both Read® books you are sure to enjoy!

*Si les gustó **Lindos animales**, ¡seguramente disfrutarán
de estos otros libros de We Both Read®!*

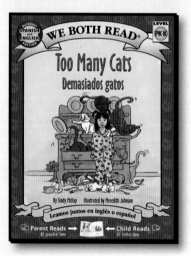

To see all the We Both Read books that are available,
just go online to **WeBothRead.com**.

*Visita el siguiente sitio web para descubrir todos los libros
disponibles de We Both Read.* **WeBothRead.com**.